Lapina Imp. Paris.

INAUGURATION
DE L'AVENUE
DU
PRÉSIDENT WILSON

4°2 L Semm 2934

LE PRÉSIDENT WILSON

Lapina, Imp, Paris

INAUGURATION DE L'AVENUE

DU

PRÉSIDENT-WILSON

a Municipalité de Paris a inauguré le 4 Juillet 1918, à neuf heures et demie du matin, l'avenue du Président-Wilson, en présence de Monsieur le Président de la République, des Membres du Gouvernement, de Son Excellence l'Ambassadeur des États-Unis d'Amérique, des Ambassadeurs et Ministres des Puissances alliées, des Représentants des Pouvoirs publics, réunis pour célébrer la Fête de l'Indépendance des États-Unis d'Amérique.

La cérémonie, organisée au pied de la statue de Washington, a été suivie du défilé de troupes américaines et françaises.

Avant le défilé, les discours suivants, tous chaleureusement applaudis, ont été prononcés :

1

DISCOURS

DE M. ADOLPHE CHÉRIOUX

VICE-PRÉSIDENT DU CONSEIL MUNICIPAL

Monsieur le Président de la République,
Messieurs,

ANS sa séance du 28 Juin dernier, le Conseil Municipal, désireux de rendre une fois de plus hommage à la noble figure du Président Wilson et au grand peuple des États-Unis, décidait de donner à l'avenue du Trocadéro le nom du Président-Wilson et de faire apposer les nouvelles plaques le 4 juillet, jour de la fête de l'Indépendance américaine. C'est à cette circonstance, Messieurs, que je dois l'honneur de prendre le premier la parole en votre présence, au pied de ce monument si puissamment évocateur des débuts d'une grande histoire, sur cette avenue dédiée par la reconnaissance publique à l'illustre homme d'État qui a si bien mérité de sa Patrie et de notre Patrie.

Je me félicite d'autant plus, Messieurs, de l'occasion qui m'est donnée d'associer très intimement la Ville de Paris à cette belle fête qu'au sein de la traditionnelle amitié franco-américaine, Paris a toujours nourri pour les États-Unis des sentiments d'une vivacité particulière.

Paris, qui s'enorgueillit d'avoir été pour la jeune République des États-Unis l'ami des premières heures, Paris d'où partit comme une traînée de poudre le grand mouvement d'enthousiasme qui rallia la France entière à la cause de

3

la liberté, Paris qui salua la proclamation de l'Indépendance américaine comme une victoire pour les idées auxquelles il avait donné son cœur, et qui, depuis, n'a jamais cessé de suivre avec une ardente sympathie le merveilleux essor de la libre démocratie qu'il avait aidée à naître, Paris était particulièrement préparé à célébrer le 4 Juillet comme une autre Fête nationale, et l'initiative du Gouvernement a rempli son désir et comblé ses vœux.

Messieurs, en la personne du Président Wilson, ce n'est pas seulement un grand homme que nous avons voulu honorer, c'est un grand peuple. Je ne sais si l'on trouverait beaucoup d'exemples d'un accord aussi parfait et aussi entier entre l'âme d'un peuple et l'âme du chef entre les mains de qui il a remis ses destinées : et peut-être l'heureuse étoile sous laquelle sont nés les États-Unis d'Amérique se marque-t-elle principalement en ceci, qu'à toutes les époques critiques de leur histoire ils ont trouvé pour les conduire l'homme qu'il fallait, la vivante incarnation de leurs sentiments les plus hauts, les plus purs et les plus forts, de leur volonté la plus noble et la plus profonde.

Évoquerai-je la mémoire du père de la liberté américaine, de ce Washington sous l'invocation de qui nous sommes aujourd'hui placés, et dont on a pu dire que par sa modestie et sa simplicité, par sa passion de servir détachée de toute ambition personnelle, il avait modifié l'idée de la grandeur humaine ?

Ne semblent-elles pas d'aujourd'hui, ces paroles vieilles de plus d'un siècle, qu'il prononçait après ses premières victoires : « Puissent ces événements apprendre à tous les tyrans que la route la meilleure et la seule qui conduise sûrement à l'honneur, à la gloire, à la vraie dignité, c'est la justice. » Et celles-ci encore, est-ce de la bouche de Washington qu'elles sont sorties ou de celle du Président Wilson : « Nous avons jeté une semence de liberté et d'union qui germera peu à peu par toute la terre. Un jour, sur le modèle des États-Unis d'Amérique, se constitueront les États-Unis d'Europe. »

Washington, Messieurs, ne pouvait prévoir les monstrueuses ambitions germaniques et qu'au rêve des États-Unis d'Europe, nous serions obligés de substituer celui d'une Société des nations libres ; mais sous la différence des formules palpite la même âme vivante, la même haute pensée de concorde et de justice, celle dont le Président Wilson s'est fait le héraut et l'apôtre, celle pour laquelle, fraternellement mêlés à ceux de la libre Amérique, nos soldats prodiguent sans compter le plus pur de leur sang.

Washington, Wilson et, entre les deux, Lincoln, incomparable trinité en qui se reflètent tour à tour les principaux aspects de l'âme américaine : en Washington, l'ancienneté de la race et sa noblesse, en Lincoln la rude et franche saveur d'un peuple neuf sur une terre neuve, en Wilson un mélange unique de culture morale et de culture intellectuelle.

Mais, Messieurs, le trait commun qui nous frappe aujourd'hui dans ces trois grandes figures et dans le rôle qu'elles ont été appelées à jouer, c'est que la destinée a voulu que ces Chefs de peuples fussent en même temps des Chefs de guerre.

Sous la conduite de Washington, les Américains sont entrés dans la guerre étrangère qui les a affranchis ; sous la conduite de Lincoln, ils sont entrés dans la guerre civile qui a sauvé leur honneur et préservé leur unité ; sous la conduite de Wilson, les voici qui entrent dans la guerre universelle qui doit sauver l'honneur de l'humanité et la liberté du monde.

Si les leçons de l'histoire ne sont pas de vains présages, ils mèneront à bonne fin cette troisième entreprise comme les deux premières, et, au tournant décisif où nous sommes, je ne sais rien de plus réconfortant que de méditer le présent à la lumière du passé, d'un passé qui nous montre, suivant la forte parole de Pascal, la justice et la force mises ensemble de façon que ce qui est juste soit fort.

Messieurs, dans l'aide inestimable que nous apporte l'Amérique, nous apprécions la matérialité de cette aide, qui a dépassé toutes les prévisions et qui dépassera encore notre surprise ; mais nous apprécions peut-être plus encore l'esprit, les sentiments dans lesquels cette aide nous est apportée. Je ne contristerai aucun de nos chers Alliés si je dis qu'à l'intérieur de notre grande alliance la particulière amitié qui unit depuis toujours la France et les États-Unis a pris un degré de ferveur jusqu'ici sans exemple dans l'histoire des peuples. Le Président Wilson dans ses messages, les écrivains, les journalistes américains dans leurs livres et leurs articles, ont trouvé pour parler de la France, de la France que leur avait révélée la guerre, de la France de la Marne et de Verdun, des expressions qui nous ont touchés au plus secret, au plus profond de notre cœur.

Ici même, à Paris, la Croix-rouge américaine s'est ingéniée à nous servir de mille manières, joignant à la plus magnifique générosité la plus exquise délicatesse, soignant nos blessés, assistant nos familles en deuil, rééduquant nos mutilés et nos aveugles, se dévouant à nos orphelins, installant les petits Parisiens à la campagne, bref, acquérant chaque jour de nouveaux titres à notre gratitude.

Là-bas, sur le front, nos Poilus, bons connaisseurs en fait d'héroïsme, ont tout de suite mis les soldats américains à leur rang, le premier, et ce n'est pas seulement une excellente camaraderie, c'est une véritable fraternité qui s'est aussitôt établie entre les uns et les autres.

Messieurs, le sang versé en commun aujourd'hui achève ce que le sang versé en commun il y a cent trente ans avait commencé. Cette fête que nous célébrons ensemble marque le couronnement suprême de notre antique amitié. Qu'on ne nous dise plus que l'intime union, que la Société des peuples est impossible, puisque cette Société, la voici réalisée entre les deux Républiques sœurs.

Mais que dis-je, Messieurs ? Cette Société des nations libres, elle englobe d'ores et déjà tous les peuples qui mènent avec nous le bon combat contre les puissances d'oppression et d'iniquité. Aujourd'hui nous fêtons les États-Unis d'Amérique ; bientôt, le 14 Juillet prochain, nos amis américains seront avec nous pour accueillir et fêter à l'Hôtel de Ville nos amis et alliés des autres pays.

Une flamme s'est allumée, qui gagnera de proche en proche, et au creuset de laquelle se consumeront les mesquines jalousies nationalistes comme les immorales ambitions impérialistes. Pour reprendre une grande parole de Gœthe, une époque nouvelle commence dans l'histoire du monde, et malgré tant de deuils, tant de souffrances et tant de ruines, heureux les hommes à qui était réservé le privilège d'en être les témoins et les acteurs.

Vive le Président Wilson, Messieurs ! Vivent les États-Unis d'Amérique ! Vive, prospère et s'épanouisse à jamais l'amitié franco-américaine !

DISCOURS

DE M. ANTONIN DUBOST

PRÉSIDENT DU SÉNAT

Monsieur le Président de la République,
Messieurs,

'EST d'un cœur unanime et dans la plus pure spontanéité populaire que la France a décidé de célébrer, à l'égal de ses propres anniversaires, la fête de l'Indépendance nationale américaine. Mieux qu'une loi officielle, les cœurs ont décrété cette provisoire manifestation ! Provisoire, parce que d'autres grandes dates grandioses se préparent, d'autres anniversaires où seront célébrées la plus vaste indépendance, celle du monde, la plus formidable et la plus juste insurrection, celle des peuples affranchis contre les peuples de proie et de domination !

Que cette insurrection déroule sa meurtrière tragédie, que cette indépendance se conquière sur le sol français, c'est un honneur auquel le condamne une sorte de fatalité ou de prédestination ! Que cette puissante et peut-être définitive coalition des peuples libres ait placé son cœur au cœur même de la France, c'est encore une grandeur historique dont la nation qui fit à la fois les croisades et la révolution, et dont les plus illustres penseurs ont institué la religion de l'humanité, saura se rendre digne !

Mais que le grand peuple américain, préservé par l'Océan, et libre, semble-t-il, de construire lui-même sa cité, ait résolu de se jeter au plus fort de la sanglante et séculaire mêlée des haines européennes, c'est une grandeur nouvelle qui nous éblouit et qui, dans l'éclat fulgurant de sa révélation, nous découvre quelque plus haute altitude que nos destinées vont gravir, quelque ordre supérieur et nouveau : *Magnus nascitur ordo !*

Les grands événements qui s'élaborent ne pouvaient en effet s'accomplir sans vous, Américains ! J'oserai même dire, à vous désormais nos frères, qu'à vous-mêmes cette épreuve aurait manqué. Car, ni l'heureux équilibre de vos institutions, ni même les fastes de votre propre indépendance, ni votre immense prospérité n'auraient suffi à vous donner le dernier ciment par quoi se sont toujours liées et achevées les Patries, celui de la douleur !

C'est ce que cent-vingt ans après l'immortel Washington, l'immortel Wilson a compris ! Dans le pétrissement inachevé de tant de races où se forme votre nation, il a jeté le levain suprême, le sacrifice ! Oui, c'est par la mort héroïque de sa jeunesse, dans cette Champagne et sur ces Vosges où depuis tant de siècles, et par tant d'autres morts, et par tant d'autres héroïsmes la France fait et refait son âme douloureuse, oui, c'est là que les États-Unis vont s'élever à leur tour à la vie la plus complète et la plus sublime des grandes patries !

Il a compris aussi que la sécurité de l'Amérique était solidaire de celle du Monde, qu'on ne fait pas sa part à l'esprit de conquête et de pillage, et qu'enfin la liberté ne se reçoit pas, elle se conquiert ! Quelle extraordinaire faveur des destins américains que d'avoir, à ces deux grands moments de leur histoire, trouvé l'homme nécessaire !

Messieurs, ce n'est pas encore le jour de célébrer la victoire, c'est plutôt celui d'affirmer nos cœurs pour les épreuves nouvelles, par lesquelles nous devons encore l'acheter ! Avant de nous séparer, et de revenir chacun à notre tâche, inclinons-nous devant le grand Washington qui sut rester calme dans l'adversité, et modéré dans le succès.

9

DISCOURS

DE M. PAUL DESCHANEL

PRÉSIDENT DE LA CHAMBRE DES DÉPUTÉS

Monsieur le Président de la République,
Messieurs,

E N ce 4 juillet — si proche de notre 14 juillet et de nos 4 août — les États-Unis et la France forment une seule âme et un seul cœur.

Ils offrent à la noble famille des Alliés, unis dans le même idéal, leur amitié fraternelle et leur inflexible résolution pour la cause suprême.

Rome a créé le Droit ; l'Angleterre, la Liberté civile et la Liberté politique ; les États-Unis ont fondé la Démocratie moderne ; nous avons fait la Révolution de 1789 : et voici que ces faits immenses aboutissent au plus grand événement historique de tous les temps, et qu'ensemble, nous faisons aujourd'hui ce qu'on peut appeler la Révolution humaine.

La gloire immortelle du Président Wilson — lui qui, d'abord, avait été résolument pacifique, qui avait rêvé pour son pays un rôle de médiateur entre les belligérants et qui n'a accepté la guerre qu'à la dernière extrémité, lorsqu'il fut démontré à tout Américain que le Gouvernement allemand s'attaquait, par la guerre sous-marine et par les intrigues, aux principes essentiels de la République, — la double gloire du Président Wilson est d'avoir proclamé pour toutes les nations les maximes de liberté, de loyauté et de justice que les fondateurs de la République avaient proclamées pour

10

l'Union, et en même temps, d'avoir jeté au service de ces idées la force du Nouveau-Monde.

Pensée et action : n'est-ce pas toute la vie ? A l'Acropole, le temple, divine merveille, couronne le roc abrupt, rude engin de défense et de lutte ; ils se protègent l'un l'autre : unique beauté de la montagne sainte, harmonieux symbole de la Raison armée !

Et n'est-ce point là tout l'homme ? La nature, à travers sa splendeur, est un abîme d'iniquité. Le jour sourit aux plus grands crimes. La loi de la nature est l'extermination réciproque. Et c'était aussi la loi de l'humanité primitive. Lentement, dans l'homme s'est formée la conscience, et de la conscience peu à peu est née la justice. Hier, règles de droit entre les hommes ; demain, règles de droit entre les peuples.

Voilà ce que veut, voilà ce que proclame, au nom de sa nation, le Président Wilson ; voilà ce que veulent les dirigeants de la libre Angleterre ; voilà ce que nous voulons avec eux : faire prévaloir les principes de morale et de droit public qui forment la conscience des sociétés adultes.

Ah ! Messieurs, si l'idée adverse devait triompher, ne fût-ce qu'une heure, l'idée de suprématie, d'hégémonie, telle que la Prusse l'a imposée successivement à la Silésie, à la Pologne, au Danemark, à l'Alsace-Lorraine, à la Belgique, et maintenant à la Russie, à la Finlande, à l'Ukraine, à la Roumanie, si de tels actes devenaient le train habituel du monde et devaient être proposés en exemple à l'admiration des peuples, jouets éternels de la violence et de la ruse, ce serait un tel écroulement de la justice, un tel désastre de la raison, que l'homme devrait détourner du ciel son visage et le baisser vers la terre, comme l'animal perdu dans l'obscurité de l'instinct !

Oh ! nulle parole outrageante ne sortira de mes lèvres envers les jeunes hommes qui, dans l'autre camp, meurent pour leur patrie, leur devoir, leur idéal.

Mais quel idéal ?

L'Empereur vient de nous le dire une fois de plus. Il l'avait dit dès longtemps, par exemple à Aix-la-Chapelle, en 1902, à Munster, en 1907. C'est la doctrine nationale, enseignée dans toutes les écoles, dans toutes les universités, dans toutes les casernes : la supériorité de la race germanique et sa domination sur les autres races. L'Allemagne vit des préceptes qui ont fait sa grandeur et sa puissance : le bien, c'est la force ; le mal, c'est la faiblesse. Ceux-là même qu'on a nommés les plus Français des Allemands n'ont jamais parlé d'autre sorte.

Nous nous battons, nos Alliés et nous, pour un autre idéal. Nous voulons que toutes les nations, les petites comme les grandes, puissent vivre en sécurité, dans la paix et dans l'honneur. Le Président Wilson les appelle toutes — et l'Allemagne elle-même — au banquet de la vie. Mais, tant que l'Allemagne voudra prendre la place des autres, les autres seront bien obligées de se défendre contre elle. Il dépend de l'Allemagne ou d'entrer dans l'association des nations en respectant leurs droits ou de les voir se liguer contre elle pour leur légitime défense.

Et nous, Français, qui avons subi, en cent vingt ans, cinq invasions et, d'une guerre à l'autre, de perpétuelles alertes, — 1875, 1887, 1905, 1908, 1911 — sommes-nous donc trop ambitieux, en demandant, non pour notre repos seulement, mais pour le repos de l'Europe et du monde, que cette constante menace soit écartée de notre capitale, que l'ombre des aigles allemandes cesse d'obscurcir notre ciel ?

Quand les Allemands, pour essayer de justifier leurs agressions répétées, évoquent le souvenir d'Iéna, ils paraissent oublier que, avant et après cette date, ils ont maintes fois fait appel au concours de la France.

Sommes-nous trop ambitieux, en souhaitant à la Russie un gouvernement réparateur, vengeur du traité honteux que l'Allemagne, d'ailleurs, a aussitôt violé ?

Notre grand Paris — si calme, où les obus frappent les pierres, non les âmes, et à qui l'on ne peut reprocher qu'un excès de témérité souriante — Paris acclame cette splendide jeunesse américaine, à laquelle l'Angleterre et la France, en brisant la guerre sous-marine, ont ouvert l'Océan, dont la foi brûle de combattre et dont l'ennemi sent déjà la valeur.

O Washington, ta grande âme conduit nos armées, de nouveau réunies, vers l'honneur, et ta pure épée, toujours inclinée devant la loi, leur montre la victoire !

DISCOURS

DE SON EXCELLENCE M. SHARP

AMBASSADEUR DES ÉTATS-UNIS D'AMERIQUE

Monsieur le Président de la République,
Messieurs,

OMME effleurés par une baguette enchantée, plaçant le sceau de l'approbation divine sur le bienfait le plus cher de l'humanité — la liberté humaine — les cœurs du monde civilisé semblent se trouver étrangement rapprochés aujourd'hui. Ni la puissance des traditions, ni les distances de l'espace ne peuvent en rompre le charme.

Debout ici, pour cette cérémonie destinée à consacrer le touchant hommage que le grand peuple d'une grande République voudrait témoigner au Président d'une République sœur, mes pensées se reportent involontairement vers les rives lointaines de cette nation. Je vois là-bas dans sa Capitale, tout comme je vois ici les drapeaux de la France et de l'Amérique tendrement enlacés, autant de symboles de cette affection qui, depuis un temps presque immémorial, unit leurs peuples par des liens indissolubles.

De même qu'ici, dans les avenues et places publiques, il y a des monuments d'allure héroïque représentant les révolutionnaires célèbres de l'Amérique qui, les premiers, donnèrent à l'appel de la liberté toute leur force, là-bas nous voyons les monuments d'hommes dont la mémoire est sacrée pour la France.

Si, d'une part, vous avez doté cette belle avenue du bronze

14

et du marbre de notre Washington et de notre Franklin, nous avons là-bas votre La Fayette et votre Rochambeau. A vrai dire, le choix même de cette place entourant la belle statue équestre de Washington, suffit pour évoquer les cérémonies similaires qui se déroulent là-bas aujourd'hui, ainsi que les câblogrammes d'Amérique nous l'apprennent. Quel lieu pourrait, mieux que l'autel de la tombe de Washington, dominant les rives boisées du Potomac, nous inspirer en consacrant à nouveau l'esprit national de l'Amérique pour la cause de la liberté.

Là-bas, de même qu'ici en présence du distingué Président de la République Française, du Président du Conseil et de ses collègues du Gouvernement — un honneur pour lequel je les remercie au nom de mon Gouvernement — une affluence de citoyens se réunira, la tête découverte, pour commémorer ce jour qui, sans l'épée de Washington, n'eût pas été possible.

Les paroles inspirées et patriotiques qui seront prononcées là-bas par notre distingué Chef d'État, exprimant les sentiments et les convictions de cent millions de ses compatriotes, seront au même diapason que celles que nous venons d'entendre tomber des lèvres des hommes distingués de la France. D'un commun accord, elles s'élèveront en exhortation afin de donner une adhésion inébranlable aux principes immortels de la cause pour laquelle les fils des deux nations ont versé leur sang.

Dans une ville qui, en dénommant ses rues, ses avenues, ses parcs, a compris les noms des hommes les plus éminents de la France dans les arts, dans les lettres et dans la politique, plutôt que d'avoir recours à la désignation prosaïque des chiffres, le nom donné à cette artère connue par sa proximité des monuments célèbres est un insigne honneur pour le Président Wilson. Ce geste si gracieux de la part de la Ville de Paris sera vivement apprécié d'un bout à l'autre de l'Amérique.

Les sentiments touchants qui ont suggéré cette démonstration unique d'une parfaite entente internationale sont en ce moment de la plus haute signification. Ils font prévoir cette union de forces matérielles qui doit assurer la victoire de la cause de la liberté et des gouvernements libres. Bien plus encore, ils annoncent la foi en un accord complet et mutuel, en une harmonie d'aspirations réciproques essentielle à la perpétuité de ces bienfaits.

En fait, rien que la présence en nombre toujours croissant sur le sol de France, de soldats américains déjà plus de trois fois supérieurs à toutes les forces américaines ayant pris part à notre guerre de l'Indépendance, symbolise leur union.

Il y a aujourd'hui un an que beaucoup de mes compatriotes, le cœur exalté d'orgueil, assistèrent au défilé du premier contingent de troupes américaines, à travers les rues de Paris, sous le commandement de notre Général Pershing. Le spectacle s'inspirait de l'esprit de croisade. A vrai dire, le besoin de cet esprit se faisait sentir. Pendant trois années intenses, il y avait eu, et il existe encore, le danger de domination par un militarisme ambitieux et sans scrupules qui, plus que jamais avant dans l'histoire, menace si sérieusement de détruire la paix et le développement progressif du monde. Il n'y avait alors que quelques milliers de soldats débarqués en France, tandis qu'actuellement leur nombre dépasse le million — et des millions encore nous arrivent.

En terminant, quel plus haut éloge puis-je faire de ces vaillants soldats, les fils de mes compatriotes au-delà des mers, qui viennent de défiler devant nous, qu'en rappelant qu'ils associent leur sort à la cause de la liberté, aux côtés

16

de leurs nobles frères, de France. Et, d'autre part, quel plus haut éloge puis-je faire de vos soldats de France que de dire que par leur courage et leur dévouement au devoir ils ont sauvé à la fois leur patrie bien-aimée et la cause même de l'humanité au prix des sacrifices les plus lourds qu'ait connus l'histoire !

DISCOURS
DE M. STEPHEN PICHON
MINISTRE DES AFFAIRES ETRANGERES

Monsieur le Président de la République,
Messieurs,

L A résolution votée par le Parlement, le 28 juin, a fait plus que de convier le peuple français à célébrer la Fête nationale des États-Unis d'Amérique ; elle a voulu que cette fête atteste devant le monde l'union indissoluble des peuples alliés, qui se sont dressés pour défendre la liberté, l'honneur et le droit, assaillis par le militarisme prussien.

C'est donc non seulement une fête nationale américaine, devenue fête nationale française, qui nous réunit dans cette cérémonie, mais une fête alliée, dont nous pouvons dire que c'est une fête d'humanité.

Car la cause que les Alliés soutiennent est — de l'aveu de l'Empereur allemand lui-même — celle de tous les peuples qui entendent échapper au règne de la conception prussienne-allemande, germanique du monde, pour rester des peuples indépendants et libres, vivant et se développant, suivant leur volonté, dans la paix.

Il n'est personne qui ait, mieux que le Président Wilson, dans son message du mois d'avril dernier, caractérisé cette lutte entre deux principes, dont l'un est un principe de vie et l'autre un principe de mort, et montré avec plus d'autorité qu'entre l'un et l'autre il n'y a pas de conciliation possible, la force étant devenue, par l'orgueil et l'aveuglement de l'Allemagne, l'unique moyen de salut pour le droit et la liberté.

Dans cette formidable bataille provoquée par les Hohenzollern et les Habsbourg, il y aura bientôt quatre ans, et inaugurée par deux des crimes les plus abominables de l'histoire — l'attentat contre la Serbie et la violation de la neutralité belge — la Grande-Bretagne a pris, dès le premier jour, la décision de combattre à nos côtés. Elle a été suivie l'année d'après par l'Italie, deux ans plus tard par les États-Unis d'Amérique. Il n'y a plus maintenant dans les cinq parties du monde qu'un petit nombre d'États qui aient cru pouvoir se dispenser de se joindre à la ligue des nations formée pour barrer la route aux appétits de domination barbare dont les traités de Brest-Litowsk et de Bucarest suffisent à établir les conséquences.

Le concours des États-Unis d'Amérique, sous l'impulsion et sous la direction de l'homme illustre qui les gouverne, a cette signification particulière que, s'ajoutant à celui des pays alliés, à l'heure où ils perdent l'appoint de la Russie, il leur apporte une certitude de victoire sur laquelle l'ennemi ne peut s'illusionner.

C'est le concours d'un peuple de plus de cent millions d'âmes, disposant de ressources infinies, représentant au point de vue moral et matériel une puissance incomparable, doué d'une fermeté que rien ne peut abattre, poussant le courage jusqu'aux limites extrêmes de la témérité, sachant qu'en s'unissant à nous il sert sa propre cause, et résolu à tous les sacrifices pour la faire triompher.

Les Allemands qui, tout d'abord, parlaient des troupes américaines comme ils le firent en 1914 de la « méprisable petite armée du maréchal French », ont appris depuis à les connaître. Ils ne réussissent plus à dissimuler l'inquiétude qu'elles leur causent. Ils les voient arriver constamment en chiffres croissants dans des proportions qu'ils n'auraient jamais supposées ; ils éprouvent les effets de l'intrépidité avec laquelle elles combattent, de l'expérience qu'elles acquièrent chaque jour, des qualités militaires dont elles témoignent après une instruction pour ainsi dire improvisée, des vertus qui, dans une guerre de délivrance, sont l'apanage de ceux qui donnent délibérément leur vie pour être délivrés.

Aux armées de sujets que l'Empereur allemand jette sur l'Ancien et le Nouveau Monde pour créer et soumettre des sujets nouveaux, les Alliés opposent des armées de citoyens pour libérer ce qui reste des nations assujetties et garantir à l'univers un régime de paix où, suivant le mot du Président Wilson, le fort et le faible auront le même sort. Hier, c'était à l'appel de la Pologne et du peuple tchèque que nous répondions en faisant flotter sur notre front le drapeau qui symbolise leur indépendance. Demain, ce seront d'autres nations latines ou slaves dont les emblèmes prendront place auprès des nôtres. Je défie que la coalition germanique nous montre un seul pays qui demande à figurer à ce titre dans ses rangs.

Il n'était que juste, Messieurs, que la Ville de Paris, fidèle à ses traditions, prenne l'initiative d'honorer ses voies principales du nom des Souverains et des Chefs d'Etat qui représentent les peuples et les armées où ces principes sont en honneur. Les générations actuelles et futures sauront ainsi, par un témoignage permanent de notre gratitude, ce qu'elles doivent à ceux qui ont incarné l'œuvre d'affranchissement que nous accomplissons. La Belgique, l'Angleterre, l'Italie, l'Amérique, auront, comme nos autres alliés, leur part légitime dans cette attestation des impérissables souvenirs gravés sur les murs de notre capitale.

Nous ne faisons, pour ce qui concerne les États-Unis, que

nous conformer à un exemple qu'ils nous ont donné eux-
mêmes. Il n'est pas un des treize premiers États de l'Union
auxquels nous sommes venus en aide à la fin du dix-huitième
siècle où l'on ne trouve des plaques commémoratives, des
monuments, des statues, des peintures, qui rappellent les
officiers et les soldats français morts pour la conquête de
l'Indépendance américaine. On en voit à Savannah, à
Charlestown, à Baltimore, à Annapolis, à Philadelphie, à
New-York, à Newport, à Boston. Dans la ville où siège le
Congrès fédéral, comme je l'ai rappelé en une autre
circonstance, le speaker s'asseoit entre les portraits de
Washington et de La Fayette. A Paris, c'est la voie qui, de
l'avenue Marceau, dédiée à la mémoire de l'une de nos plus
pures gloires républicaines, conduit à la statue de
Washington, qui portera le nom du Président Wilson. Ainsi
le souvenir du grand citoyen qui a fondé la plus puissante
des Républiques modernes se trouvera relié par un signe
visible à celui de l'homme d'État pour lequel le droit a été
plus précieux que la paix et qui, fidèle à la pensée de son
immortel prédécesseur, a renouvelé entre sa patrie et la
nôtre une communauté d'action qui persistera et s'affermira
au cours des siècles. Car rien ne rompra, Messieurs, le
faisceau des amitiés et des ententes qui se sont nouées
entre nos alliés et nous durant cette terrible guerre. Aucun
des peuples qui l'auront soutenue et conduite à son issue
victorieuse n'oubliera ce qu'il doit à ceux dont il aura été
le compagnon d'armes. C'est l'Amérique elle-même qui
nous appelle à reconnaître ce que nous nous devons les
uns aux autres. Laissez-moi reproduire à ce sujet les
paroles que le Secrétaire d'État de la Guerre aux États-
Unis, M. Baker, prononçait récemment en remettant des
brevets aux jeunes officiers de l'armée américaine. Il
supposait chacun des pays demeurés fidèles à la cause de
la justice appelé à s'expliquer sur la part qu'il prend à
l'œuvre commune.

« L'Angleterre dira, poursuivait-il : « Me voici avec mes
» navires et mes hommes ; mes pertes sont cruelles ; mon
» esprit demeure aussi ferme que jamais. »

« L'Italie dira : « Au long des Alpes jusqu'à l'Asiago, mes
» fils luttent et meurent, mais tenant toujours les passes des
» monts contre ceux qui voudraient nous écraser. »

« Et la France — oh ! quelles ne seront pas la beauté et
la sublimité de sa réponse, — la France dira : « Me voici
» perdant mon sang par tous les pores, mon territoire est en
» partie occupé, la terre maternelle a reçu dans son sein,
» par centaines de mille, mes enfants morts. Mais nous
» gardons la tête haute ; nous sommes aussi résolus que
» jamais ; *ils ne passeront pas !* »

« Et quand ce sera le tour de l'Amérique, ne serez-vous
pas émus de sa réponse ? Elle dira : « Nous avons franchi
» l'Océan infesté d'ennemis, comme avaient fait, il y a
» longtemps, La Fayette et Rochambeau. Nous avons mis en
» mouvement nos usines pour fournir le matériel de guerre.
» Nous marchons par centaines de mille et nous demeu-
» rerons là-bas jusqu'à la fin. »

Dans de telles conditions, Messieurs, en compagnie de
pareils alliés, auxquels il faudrait ajouter tous les autres —
ceux d'Orient et d'Occident — auxquels ne vont pas moins
notre admiration et notre confiance, nous pouvons envisager
l'avenir avec sûreté. Nous aurons encore sans doute à
traverser des heures de deuil et de tristesse, mais jamais le
doute sur le résultat d'une crise où nous avons pour nous,
avec le nombre et la force, la conscience de l'humanité, ne
pénétrera dans nos esprits.

www.ingramcontent.com/pod-product-compliance
Lightning Source LLC
Chambersburg PA
CBHW072022290326
41934CB00011BA/2781